La maison
Dom

Dictionnaire d'images bilingue pour enfants

Français-Bosnien

Richard Carlson

The author would like to thank the translators for their contribution.

La porte
Vrata

La fenêtre
Prozor

Le canapé

Kauč

La table basse
Stol

Le tapis

Tepih

Le salon
Dnevni boravak

Le rideau

Zavjesa

La pendule
Sat

Le tableau
Slika

Le fauteuil
Fotelja

La lampe
Lampa

Les placards

Ormarići

Les fleurs

Cvijeće

La chaise
Stolica

La table
Stol

La salle à manger
Trpezarija

L'assiette
Tanjir

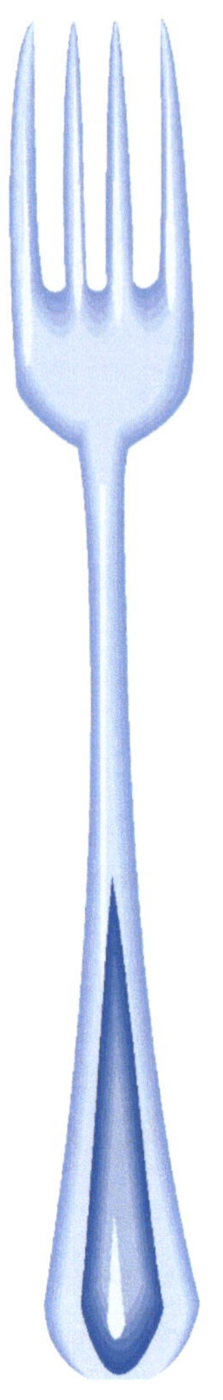

La fourchette

Viljuška

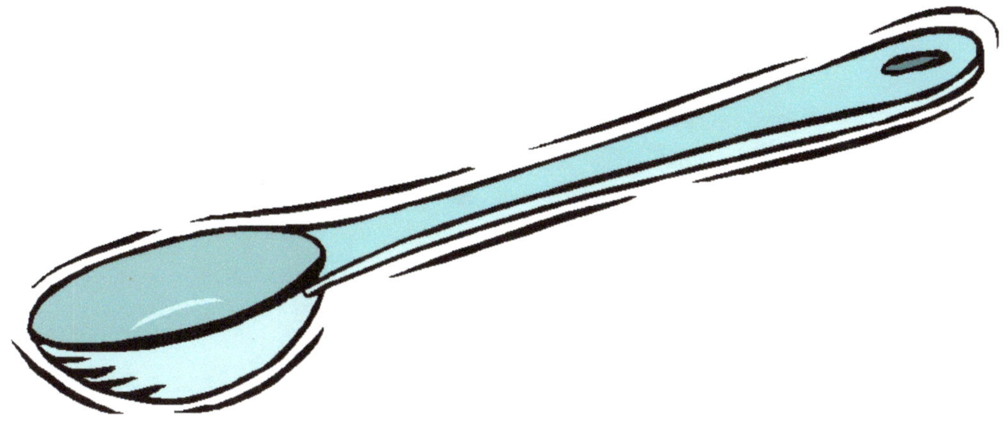

La cuillère

Kašika

Le couteau
Nož

Le verre

Čaša

La tasse
Šoljica

La cuisine
Kuhinja

Le four
Šporet

Le réfrigérateur
Frižider

L'évier

Sudoper

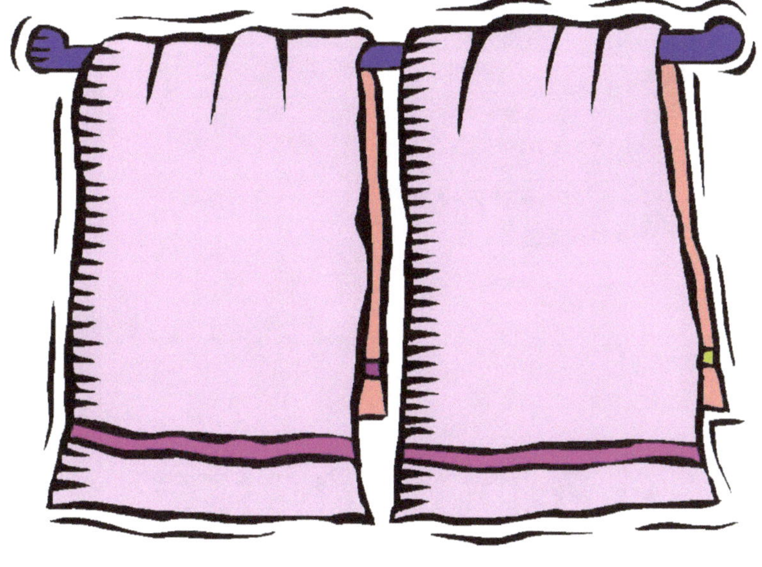

La serviette

Ručnik

La baignoire
Kada

La douche
Tuš

La bibliothèque
Polica za knjige

Le lit

Krevet

La commode
Komoda

La chambre
Spavaća soba

Le placard
Ormar

Le berceau

Krevetac

La radio
Radio

Le four à micro-ondes
Mikrovalna pećnica

La poubelle
Kanta za smeće

Apprenez des choses dans un dictionnaire d'images illustrant la maison.

À propos de l'auteur : Richard Carlson est auteur de livres bilingues pour enfants.
www.richardcarlson.com